Das große 4 in 1 Rätselbuch für clevere Kinder:

4 bis 10 Jahre.

Geniale Rätsel und brandneue Knobelspiele für Mädchen und Jungen. Logisches Denken und Konzentration spielend einfach steigern

Melanie Fuchs

Das große Rätselbuch für clevere Kinder

Dieses Werk einschließlich aller Inhalte ist urheberrechtlich geschützt.

Alle Rechte vorbehalten.

Nachdruck oder Reproduktion (auch auszugsweise) in irgendeiner Form, sowie die Einspeicherung, Verarbeitung, Vervielfältigung und Verbreitung mit Hilfe elektronischer Systeme jeglicher Art, gesamt oder auszugsweise, ist ohne ausdrückliche schriftliche Genehmigung des Verlages untersagt.

Alle Übersetzungsrechte vorbehalten.

Alle Inhalte wurden unter größter Sorgfalt erarbeitet. Der Verlag und der Autor übernehmen jedoch keine Gewähr für die Aktualität, Korrektheit, Vollständigkeit und Qualität der bereitgestellten Informationen. Druckfehler und Falschinformationen können nicht vollständig ausgeschlossen werden.

Alle Abbildung von https://icons8.de gemäß der Lizenz Creative Commons Attribution-NoDervis 3.0 Unported

Das große Rätselbuch für clevere Kinder

Inhalt

Anleitung 5
Das große Rätselbuch – ab 4 Jahren 7
Das große Rätselbuch – ab 6 Jahren 93
Das große Rätselbuch – ab 8 Jahren 183
Das große Rätselbuch – ab 10 Jahren 267

Das große Rätselbuch für clevere Kinder

Anleitung

Hallo, liebe Rätselfreunde!

Ganz viel Spaß beim Lösen dieser kniffligen Rätsel.

Manche sind einfach, bei anderen dauert es etwas länger, bis man auf die Lösung kommt. Am besten nimmst Du Dir einen Stift zur Hand, schärfst deine Sinne und legst einfach los.

Die Lösung kannst Du ganz einfach in die Schreibbox schreiben. Diese findest Du direkt unter dem jeweiligen Rätsel.

Wenn Du dann Deine Lösung in die Schreibbox geschrieben hast, kannst Du eine Seite weiterblättern, dort findest Du dann die richtige Lösung, aber nicht pfuschen!

Die Rätsel sind so gewählt, dass Kinder in der Grundschule sie lösen können.

Ob z.B. als Zeitvertreib an regnerischen Tagen, auf dem Weg in den Urlaub oder in der Schulpause, die Rätsel vertreiben Dir die Langeweile, wo auch immer Du möchtest.

Viel Spaß mit den Knobelaufgaben und denke daran, gepfuscht wird nicht!

Das große Rätselbuch für clevere Kinder

ab 4 Jahre. Geniale Rätsel und brandneue Knobelspiele für Mädchen und Jungen. Logisches Denken und Konzentration spielend einfach steigern

Melanie Fuchs

Inhalt

Die lange Nase 11

Laterne, Laterne 13

Die Reparatur 15

Auf dem Teich 17

Geschmolzen 19

Kleine Männchen 21

Summ, summ, summ 23

Immer im Haus 25

Löchrig 27

Nur Du 29

Fliegen und weinen 31

Der Käseliebhaber 33

Die Gesichter 35

Am Himmel 37

Herr Langohr 39

Die Sonne zu Hause 41

Der schwimmende Löwe 43

Das Pferd 45

Gebissen? 47

Der Mann im Gras 49

Das große Rätselbuch für clevere Kinder

Der Baumspringer 51

Die Bewohner der Straße 53

Der Baumeister 55

Auf den Bergen 57

Die Großmutter 59

Der Wikinger 61

Der beste Freund 63

Gassi gehen 65

Eier legen 67

Dschungelbuch 69

Feuerwehrmann 71

Ninjas 73

Verstecken 75

Die Hand 77

Leckeres Obst 79

Der König 81

Die Zwerge 83

Der Dieb 85

Das graue Tier 87

Das dicke Tier 89

Die Farbe Gelb 91

Die lange Nase

Es gibt ein Kind, das kennt ihr bestimmt. Es bekommt beim Lügen eine lange Nase.
Wer ist das?

Das große Rätselbuch für clevere Kinder

Lösung: Pinocchio

Das große Rätselbuch für clevere Kinder

Laterne, Laterne

Huch, hier ist doch glatt ein Wort verschwunden.
Weißt Du, welches es ist?
Laterne, Laterne, Sonne, Mond und ...

Das große Rätselbuch für clevere Kinder

Lösung: Sterne

Das große Rätselbuch für clevere Kinder

Die Reparatur

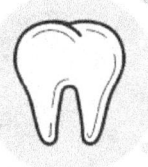

Wer repariert die Zähne, wenn sie kaputt gegangen sind?

Das große Rätselbuch für clevere Kinder

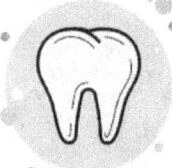

Lösung: Der Zahnarzt

Das große Rätselbuch für clevere Kinder

Auf dem Teich

Es schwimmen ein paar Tiere auf dem Teich, die können fliegen und machen Quack, Quack.
Welche Tiere sind dies?

Das große Rätselbuch für clevere Kinder

Lösung: Die Enten

Geschmolzen

Jedes Kind mag mich gerne. Es gibt mich in vielen Farben. Ich bin ganz kalt und in der Sonne schmelze ich.
Was bin ich?

Das große Rätselbuch für clevere Kinder

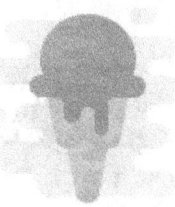

Lösung: Ein Eis

Das große Rätselbuch für clevere Kinder

Kleine Männchen

Sie haben kleine grüne Hüte an und leben hoch oben auf den Eichen.
Im Herbst fallen sie auf den Boden und Kinder sammeln sie im Wald.
Was ist es?

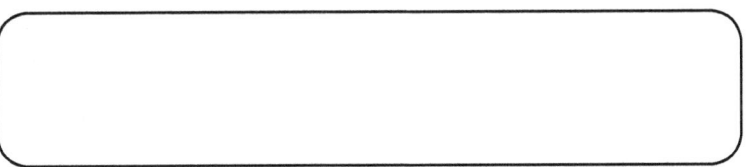

Das große Rätselbuch für clevere Kinder

Lösung: Die Eicheln

Das große Rätselbuch für clevere Kinder

Summ, summ, summ

Summ, summ, summ,
fliegt sie um die Blume rum.
Trägt den süßen Honig heim,
kennst Du dieses fleißige Tierlein?

Das große Rätselbuch für clevere Kinder

Lösung: Die Biene

Das große Rätselbuch für clevere Kinder

Immer im Haus

Es gibt ein Tier, das schwimmt auf der See. Auf dem Boden wandelt sie. Nie verlässt sie ihr sicheres Haus, egal, ob sie schläft oder geht.
Kennst Du dieses Tier?

Das große Rätselbuch für clevere Kinder

Lösung: Die Schildkröte

Löchrig

Wer bin ich?
Löcher habe ich viele, aber das Wasser kann ich dennoch halten.

Das große Rätselbuch für clevere Kinder

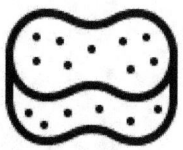

Lösung: Der Schwamm

Das große Rätselbuch für clevere Kinder

Nur Du

Gehören tut es nur Dir, allerdings benutzen es alle anderen mehr als Du.
Was ist das?

Das große Rätselbuch für clevere Kinder

Lösung: Dein Name

Das große Rätselbuch für clevere Kinder

Fliegen und weinen

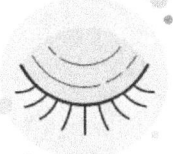

Ich weine, aber habe keine Augen.
Ich fliege, aber habe keine Flügel.
Kennst Du mich?

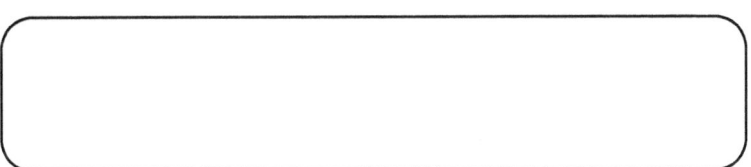

Das große Rätselbuch für clevere Kinder

Lösung: Die Wolke

Das große Rätselbuch für clevere Kinder

Der Käseliebhaber

Ich liebe Käse und bin sehr klein.
Angst habe ich vor der Katze.
Die Leute mögen mich nicht und schmeißen mich aus dem Haus.
Weiß Du wer ich bin? Ich bin eine ...

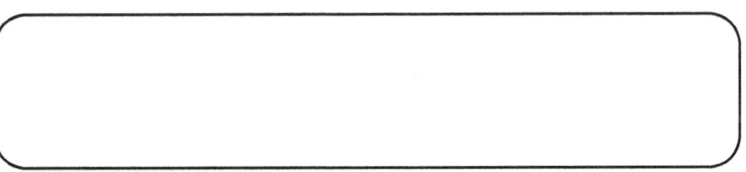

Das große Rätselbuch für clevere Kinder

Lösung: Maus

Das große Rätselbuch für clevere Kinder

Die Gesichter

Ich zeige jedem ein anderes Gesicht.
Manchmal habe ich mehrere Gesichter gleichzeitig.
Aber wenn ich allein bin, habe ich gar kein Gesicht.
Wer bin ich?

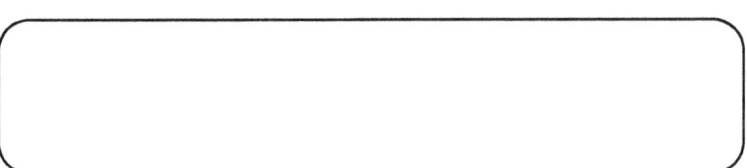

Das große Rätselbuch für clevere Kinder

Lösung: Der Spiegel

Am Himmel

Sie sind am Nachthimmel weit und breit,
tausend kleine Lichter dort stehen,
aber wenn der Himmel wolkig ist,
kann man sie gar nicht sehen.
Wer sind sie?

Das große Rätselbuch für clevere Kinder

Lösung: Die Sterne

Das große Rätselbuch für clevere Kinder

Herr Langohr

Ich habe lange Ohren und einen kurzen Schwanz.
Ich verstecke mich im hohen Gras.
Zu essen mag ich Karotten und Salat.
Ich bin ein...

Das große Rätselbuch für clevere Kinder

Lösung: Hase

Die Sonne zu Hause

Die Sonne bringe ich Heim,
allerdings muss ich dafür völlig sauber sein.
Die Leute mögen mich einbauen,
um durch die Wand zu schauen.
Wer bin ich?

Das große Rätselbuch für clevere Kinder

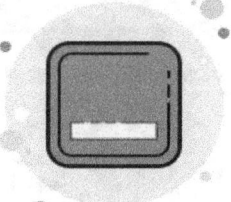

Lösung: Das Fenster

Das große Rätselbuch für clevere Kinder

Der schwimmende Löwe

Welcher Löwe ist ein sehr guter Schwimmer?

Das große Rätselbuch für clevere Kinder

Lösung: Der Seelöwe

Das große Rätselbuch für clevere Kinder

Das Pferd

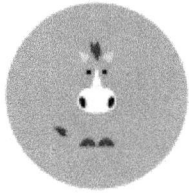

Es gibt ein Pferdchen, auf dem man nicht reiten kann.
Welches ist es?

Das große Rätselbuch für clevere Kinder

Lösung: Das Seepferdchen

Das große Rätselbuch für clevere Kinder

Gebissen?

Was ist das?
Es hat viele Häute und beißt die Leute.

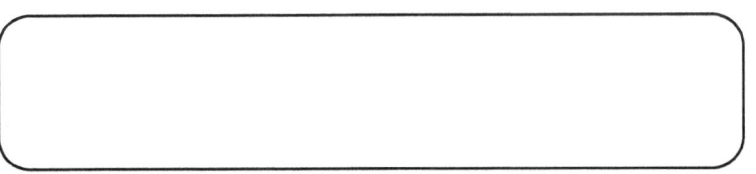

Das große Rätselbuch für clevere Kinder

Lösung: Die Zwiebel

Der Mann im Gras

Wer bin ich?
Ich bin ein Mann und geh im Grase,
ich habe eine lange Nase,
ich habe rote Stiefel an,
bewege mich wie ein Edelmann.

Das große Rätselbuch für clevere Kinder

Lösung: Der Storch

Das große Rätselbuch für clevere Kinder

Der Baumspringer

Wer bin ich?
Ich habe ein Nest auf einem Baum,
hüpfe auf den Ästen rum.
Allerdings bin ich kein Vogel.

Das große Rätselbuch für clevere Kinder

Lösung: Das Eichhörnchen

Das große Rätselbuch für clevere Kinder

Die Bewohner der Straße

In welcher Straße wohnen Ernie und Bert?

Das große Rätselbuch für clevere Kinder

Lösung: Sesamstraße

Das große Rätselbuch für clevere Kinder

Der Baumeister

In welcher Sendung spricht ein Baumeister mit seinen Baumaschinen?

Das große Rätselbuch für clevere Kinder

Lösung: Bob der Baumeister

Das große Rätselbuch für clevere Kinder

Auf den Bergen

Bei wem wohnt Heidi in den Bergen?

Das große Rätselbuch für clevere Kinder

Lösung: Beim Großvater

Die Großmutter

Es gibt ein Mädchen, dass eine kranke Großmutter im Wald hat.
Wie heißt das Mädchen?

Das große Rätselbuch für clevere Kinder

Lösung: Rotkäppchen

Das große Rätselbuch für clevere Kinder

Der Wikinger

Wie heißt das schlaue Wikingerkind aus Flake?

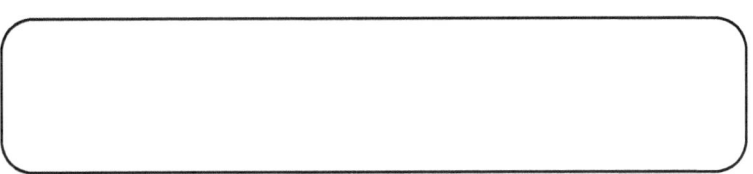

Das große Rätselbuch für clevere Kinder

Lösung: Wickie

Das große Rätselbuch für clevere Kinder

Der beste Freund

Wie heißt der beste Freund von Biene Maja?

Das große Rätselbuch für clevere Kinder

Lösung: Willi

Das große Rätselbuch für clevere Kinder

Gassi gehen

Mit welchem Tier muss man täglich Gassi gehen?

Das große Rätselbuch für clevere Kinder

Lösung: Dem Hund

Das große Rätselbuch für clevere Kinder

Eier legen

Welches Tier legt Eier und gackert viel?

Das große Rätselbuch für clevere Kinder

Lösung: Das Huhn

Das große Rätselbuch für clevere Kinder

Dschungelbuch

Wie heißt der Menschenjunge aus dem Dschungelbuch?

Das große Rätselbuch für clevere Kinder

Lösung: Mogli

Das große Rätselbuch für clevere Kinder

Feuerwehrmann

Wie heißt der Feuerwehrmann von den Paw Patrol?

Das große Rätselbuch für clevere Kinder

Lösung: Marshall

Das große Rätselbuch für clevere Kinder

Ninjas

Wie heißt der grüne Ninja aus Ninjago?

Das große Rätselbuch für clevere Kinder

Lösung: Lloyd

Das große Rätselbuch für clevere Kinder

Verstecken

Wer versteckt an Ostern die Eier?

Das große Rätselbuch für clevere Kinder

Lösung: Der Osterhase

Das große Rätselbuch für clevere Kinder

Die Hand

Wie viele Finger sind an einer Hand?

Das große Rätselbuch für clevere Kinder

Lösung: Fünf

Leckeres Obst

Welches Obst lieben Affen? Sie sind gelb und krumm?
Weißt Du es?

Das große Rätselbuch für clevere Kinder

Lösung: Bananen

Das große Rätselbuch für clevere Kinder

Der König

Welches Tier ist der König der Tiere?

Das große Rätselbuch für clevere Kinder

Lösung: Der Löwe

Das große Rätselbuch für clevere Kinder

Die Zwerge

Wie viele Zwerge helfen Schneewittchen?

Das große Rätselbuch für clevere Kinder

Lösung: Sieben

Der Dieb

In einem Kinderlied stiehlt ein Fuchs etwas.
Was ist es?

Das große Rätselbuch für clevere Kinder

Lösung: Die Gans

Das graue Tier

Ich bin ein graues Tier und mache „i-aah".
Wer bin ich?

Das große Rätselbuch für clevere Kinder

Lösung: Der Esel

Das dicke Tier

Ich bin dick und grau, habe zwei riesige Zähne und einen langen Rüssel.
Wer bin ich?

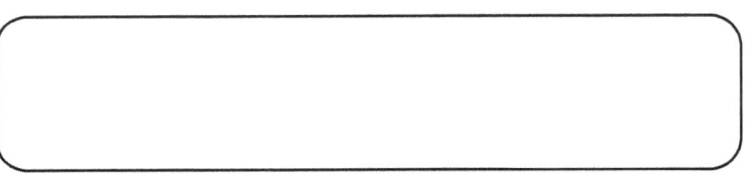

Das große Rätselbuch für clevere Kinder

Lösung: Der Elefant

Die Farbe Gelb

Ich wachse auf dem Feld, bin richtig groß und Gelb.
Man kann mich auch pflücken.
Wer bin ich?

Das große Rätselbuch für clevere Kinder

Lösung: Die Sonnenblume

Das große Rätselbuch für clevere Kinder

Geniale Rätsel und brandneue Knobelspiele für Mädchen und Jungen (ab 6 Jahren). Logisches Denken und Konzentration spielend einfach steigern

Melanie Fuchs

Das große Rätselbuch für clevere Kinder

Inhalt

Bruder und Schwestern 97

Das geheimnisvolle Schloss 99

Von Töchtern und Söhnen 101

Die Körperteile 103

Schneewittchen und die sieben Zwerge 105

Beim Schwimmunterricht 107

Der wichtigste Lauf 109

Auf Reisen 111

Farbenfroh 113

Figurenraten 115

Harte Schale 117

Spuren im Wind 119

Der Wurf 121

Zartheit 123

Das stärkste Tier der Welt 125

Ein Tier? 127

Was ist passiert? 129

Die Vögel 131

Die Welt der Zahlen 133

Auf der grünen Wiese 135

Taschengeld 137

Das große Rätselbuch für clevere Kinder

Kurz und Klein 139

Das Frühstück 141

Zwei Löffel 143

Von Kindern und Äpfeln 145

Nicht Haar, nicht Pferd 147

Dauerlauf 149

Der Tageslauf 151

Das Gesicht 153

Sehvermögen 155

Mausefalle 157

Sehen oder nicht 159

Rechtecke 161

Halbieren 163

Im Wasser 165

In jedem Haus 167

Schlechtes Wetter 169

Freude und Schmerz 171

Die Rede 173

Die rote Kelle 175

Monate im Jahr 177

Die Stunden verrinnen 179

Kamine 181

Das große Rätselbuch für clevere Kinder

Bruder und Schwestern

Henrys Mutter hat 4 Kinder. Das erste Kind heißt „Februar". Das zweite Kind „April" und das dritte Kind „Juni". Wie heißt das vierte Kind?

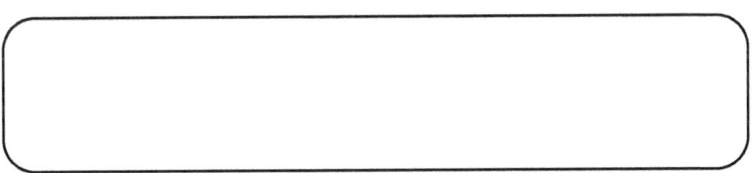

Das große Rätselbuch für clevere Kinder

Lösung: Das vierte Kind heißt Henry!

Das geheimnisvolle Schloss

Peter befindet sich im Keller eines Schlosses. In diesem gibt es drei Türen, die alle ins Freie führen. Allerdings gibt es ein Problem, denn hinter Tür eins befindet sich ein Löwe, der seit 4 Monaten nichts mehr gefressen hat. Ein Cowboy aus dem Wilden Westen wartet hinter Tür Nummer zwei mit einer geladenen Waffe. Hinter der letzten Türe befindet sich ein Pirat mit seinem geschärften Säbel. Hilf Peter und sag ihm, durch welche Tür er gehen kann, ohne verletzt zu werden!

Das große Rätselbuch für clevere Kinder

Lösung: Tür 1, denn ein Löwe, der seit 4 Monaten nichts mehr gefressen hat, ist bereits verhungert.

Das große Rätselbuch für clevere Kinder

Von Töchtern und Söhnen

Eine Frau hat 3 Töchter. Jeder der 3 Töchter hat einen Bruder. Wie viele Kinder hat die Frau?

Das große Rätselbuch für clevere Kinder

Lösung: 4. 3 Töchter und 1 Sohn

Das große Rätselbuch für clevere Kinder

Die Körperteile

Welches Körperteil, kann man an seinem Körper niemals mit der rechten Hand berühren?

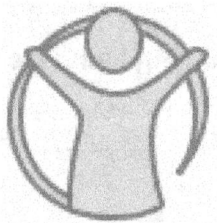

Lösung: Den rechten Ellenbogen

Schneewittchen und die sieben Zwerge

Die sieben Zwerge kommen nach der Arbeit nach Hause. Schneewittchen hat etwas zum Abendessen gekocht. Insgesamt gibt es 24 Kartoffeln, die gerecht zwischen Schneewittchen und den sieben Zwergen aufgeteilt werden sollen. Allerdings hat sich einer der Zwerge schon vor dem Essen den Bauch mit Kartoffeln gefüllt und so gibt es für jeden Zwerg und Schneewittchen nur zwei Kartoffeln. Wie viele Kartoffeln hat der verfressene Zwerg vorher gegessen?

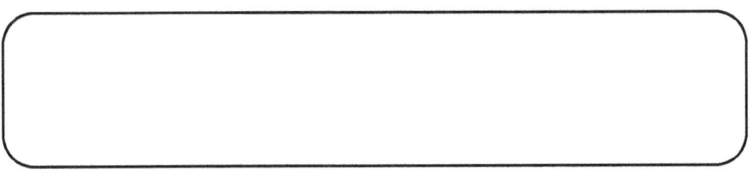

Das große Rätselbuch für clevere Kinder

Lösung: Acht Kartoffeln

Beim Schwimmunterricht

Eine Schulklasse ist beim Schwimmunterricht. Die Schüler sitzen am Rand des Schwimmbeckens und lassen ihre Füße ins Wasser baumeln. Die Lehrerin möchte gerne wissen, wie viele Zehen jedes Kind an einem Fuß hat. „Ganz einfach" antworten die Kinder „es sind 5." "Das ist vollkommen richtig!" freut sich die Lehrerin „und wie viele Zehen haben 10 Füße?"

Lösung: 50 Zehen

Der wichtigste Lauf

Aaron ist ein Leichtathlet und mag am liebsten den 400 m Lauf. Er hat wirklich ausdauernd trainiert und möchte unbedingt unter die ersten drei kommen. Gold, Silber oder Bronze. Leider gelingt ihm der Start nicht so gut und er ist etwas abgeschlagen. In der letzten Kurve erhöht er das Tempo und überholt den Drittplatzierten. Dann nimmt er seine letzte Kraft zusammen und überholt kurz vor dem Ziel den zweiten Läufer. Er freut sich sehr über seine Medaille. Doch welche ist es geworden?

Lösung: Die Silbermedaille, weil er den ersten Läufer nicht überholt hat.

Auf Reisen

Wer bin ich? Wir verreisen mit dem Auto und sind immer zu fünft. Alle anderen Reisenden sind die ganze Fahrt über beschäftigt. Nur ich verstecke mich die ganze Zeit im dunklen Kofferraum. Aber wenn einem anderen Mitreisenden etwas zustößt, bin ich sofort zur Stelle.

Das große Rätselbuch für clevere Kinder

Lösung: Das Reserverad im Kofferraum

Farbenfroh

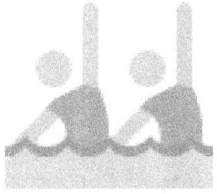

Frau Rot, Frau Grün und Frau Gelb treffen sich im Schwimmbad. Jede trägt einen Badeanzug. Diese haben die Farben Ihrer Nachnamen. Allerdings trägt keiner der drei einen Badeanzug in der Farbe ihres eigenen Namens. Frau Rot trägt keinen grünen Badeanzug. Welchen Badeanzug hat Frau Grün an?

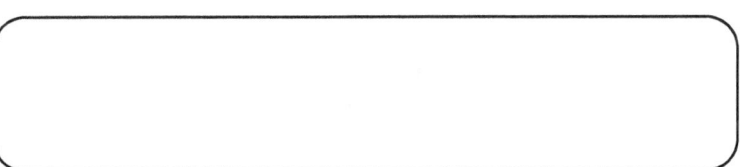

Das große Rätselbuch für clevere Kinder

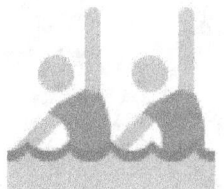

Lösung: Einen roten Badeanzug

Figurenraten

Wer bin ich?
Ich bin klein und habe schwarze Haut.
Ich bin männlich und jeder kennt mich.
Ich trage fast immer eine rote Hose und weiße Handschuhe.
Zudem trage ich am liebsten gelbe Schuhe.
Ein Mensch bin ich nicht.
Meine Ohren sind größer als deine.
Von Beruf bin ich Comicfigur.
Ich habe einen Hund. Er heißt Pluto.
Meine beste Freundin heißt Minnie.

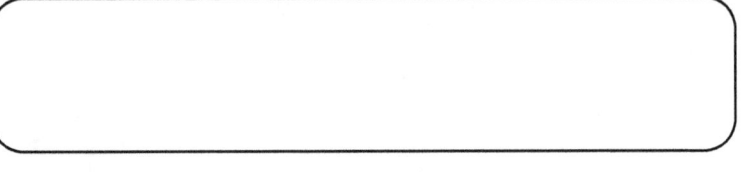

Das große Rätselbuch für clevere Kinder

Lösung: Micky Maus.

Das große Rätselbuch für clevere Kinder

Harte Schale

Meine Schale ist hart. Mein Kern äußerst lecker. Wer mich knackt, der vernascht mich gern. Wer bin ich wohl?

Das große Rätselbuch für clevere Kinder

Lösung: Die Nuss

Spuren im Wind

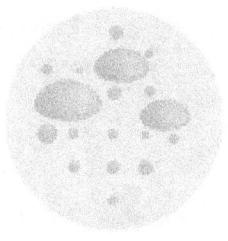

Ich habe ein weißes Röckchen und fliege sehr gerne.
Wenn Du mich allerdings fangen möchtest, schmelze ich schnell in deinen Händen.
Weißt du, wer ich bin?

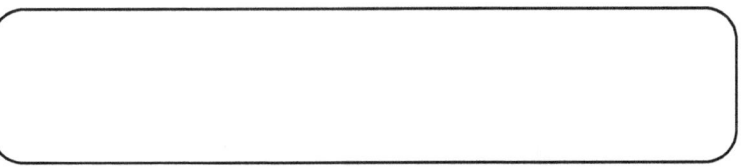

Das große Rätselbuch für clevere Kinder

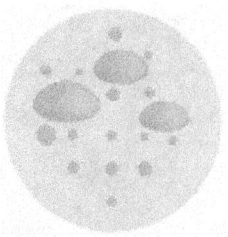

Lösung: Die Schneeflocke

Der Wurf

Was wirft man weg, wenn man es braucht und holt es zurück, wenn man es nicht mehr benötigt?

Das große Rätselbuch für clevere Kinder

Lösung: Den Anker

Zartheit

Ich bin kugelrund und wunderschön bunt. Es scheint durch mich durch. Ein winziger Hauch erweckt mich zum Leben. Aber durch einen kleinen Stoß - bin ich gleich wieder dahin. Wer bin ich?

Das große Rätselbuch für clevere Kinder

Lösung: Seifenblase

Das große Rätselbuch für clevere Kinder

Das stärkste Tier der Welt

Welches Tier ist das stärkste Tier, dass immer sein Haus mit sich trägt?

Das große Rätselbuch für clevere Kinder

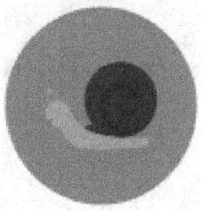

Lösung: Die Schnecke

Ein Tier?

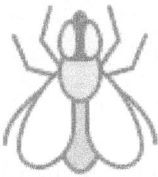

Hab' zwei Beine und kann doch nicht stehen?
Hab' zwei Flügel, aber kann nicht fliegen?
Besitz' einen Rücken, kann aber nicht liegen?
Trag' eine Brille, kann trotzdem nicht sehen?
Wer bin ich?

Das große Rätselbuch für clevere Kinder

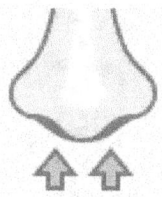

Lösung: Die Nase

Was ist passiert?

Es ist Sonntag. Ein alter Mann geht mit einer jungen, sehr hübschen Frau in ein sehr altes Gebäude. Beide sind sehr aufgeregt. Etwa eine Stunde später kommt die Frau mit einem anderen, viel jüngeren Mann aus dem Gebäude und ist sehr glücklich. Was ist hier passiert?

Lösung: Die hübsche Frau wurde von Ihrem Vater in eine Kirche geführt und hat dort den jüngeren Mann geheiratet. Nach der Trauung kamen die beiden glücklich aus der Kirche heraus.

Das große Rätselbuch für clevere Kinder

Die Vögel

Welcher Vogel legt seine Eier in fremde Nester?

Das große Rätselbuch für clevere Kinder

Lösung: Der Kuckuck

Das große Rätselbuch für clevere Kinder

Die Welt der Zahlen

Finde die Zahl:
Welche Zahl erhältst du, wenn du 2 zu 13 hinzuzählst und mit 6 multiplizierst?

Das große Rätselbuch für clevere Kinder

Lösung: (2+13) * 6 = 90

Auf der grünen Wiese

Auf der Wiese liegen eine Möhre, ein paar Kohlestückchen und ein Topf. Keiner hat die Sachen dort hingelegt aber wie kommen die Gegenstände dort hin?

Lösung: Im Winter wurde ein Schneemann gebaut und dieser ist nun geschmolzen.

Taschengeld

Karl und Paul haben von Ihrer Oma 20 € bekommen, die sie untereinander aufteilen sollen. Da Paul seiner Oma im Garten geholfen hat, soll er einen Euro mehr bekommen als Karl. Wie viel Geld bekommt jeder der beiden?

Lösung: Karl bekommt 9,50 € und Paul 10,50 €

Das große Rätselbuch für clevere Kinder

Kurz und Klein

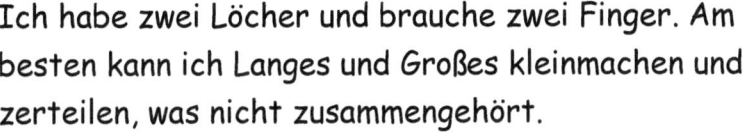

Ich habe zwei Löcher und brauche zwei Finger. Am besten kann ich Langes und Großes kleinmachen und zerteilen, was nicht zusammengehört.

Das große Rätselbuch für clevere Kinder

Lösung: Die Schere

Das Frühstück

Wer bin ich? Nicht ganz rund aber überhaupt nicht eckig. Hab einen dicken Bauch, eine Spitze und einen Po. Wenn man meinen Kopf abschlägt, kann man mich zum Frühstück genießen.

Das große Rätselbuch für clevere Kinder

Lösung: Das Frühstücksei

Zwei Löffel

Könnt ihr mir sagen, wer das ist, der immer mit zwei Löffeln isst?

Lösung: Der Hase

Das große Rätselbuch für clevere Kinder

Von Kindern und Äpfeln

Frau Hagel hat 5 Äpfel und 3 Kinder. Sie möchte die Äpfel gerecht unter den Kindern aufteilen. Wie gelingt ihr dies?

Das große Rätselbuch für clevere Kinder

Lösung: Sie kocht Apfelmus

Nicht Haar, nicht Pferd

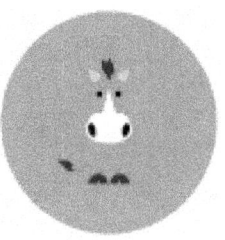

Er hat einen Kamm, kämmt sich aber nicht.
Er hat Sporen, reitet aber nicht.
Er hat Sicheln, schneidet aber nicht.
Wer ist es?

Das große Rätselbuch für clevere Kinder

Lösung: Der Hahn

Dauerlauf

Ich laufe und laufe immer fort -
und komme doch nicht weg vom Ort.

Lösung: Der Uhrzeiger

Der Tageslauf

Morgens bin ich lang,
mittags eher kurz und klein,
abends bin ich am längsten
und nachts bin ich gar nicht da.
Wer bin ich?

Lösung: Der Schatten

Das Gesicht

Ich zeige jedem ein anderes Gesicht,
ein eigenes habe ich nicht.
Wer bin ich?

Das große Rätselbuch für clevere Kinder

Lösung: Der Spiegel

Sehvermögen

Wir sind zwei, die nebeneinanderstehen.
Wir können alles gut und deutlich sehen.
Allein den anderen sehen wir nicht,
auch nicht beim hellsten Tageslicht.

Das große Rätselbuch für clevere Kinder

Lösung: Die Augen

Das große Rätselbuch für clevere Kinder

Mausefalle

Wie schreibt man Mausefalle mit fünf Buchstaben?

Das große Rätselbuch für clevere Kinder

Lösung: Kater oder Katze

Sehen oder nicht

Wenn du nicht siehst, dann siehst du mich.
Wenn du siehst, dann siehst du mich nicht mehr.
Wer bin ich?

Das große Rätselbuch für clevere Kinder

Lösung: Die Finsternis/Dunkelheit

Das große Rätselbuch für clevere Kinder

Rechtecke

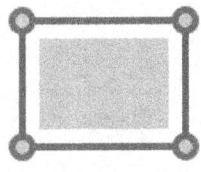

Wie zeichnet man ein Rechteck mit drei Strichen?

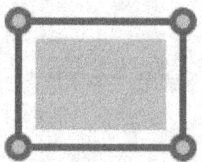

Lösung: In dem man ein Rechteck zeichnet und in die Mitte drei Striche malt,

Halbieren

Vergrößere die Zahl 666 um die Hälfte, ohne zu rechnen. Wie geht dies?

Lösung: Indem man die Zahlen umdreht. So erhält man 999.

Im Wasser

Wer sind wir?
Wir können ohne Wasser nicht sein,
haben alle keine Bein',
Wir schwimmen immer hin und her,
das könnten wir nicht, wären die Flüsse leer.

Das große Rätselbuch für clevere Kinder

Lösung: Fische

In jedem Haus

Du findest mich in jedem Haus,
eine ganze Menge Wasser brauche ich.
Würde es mich nicht geben, wäre es ein richtiger Graus,
denn dann würde es stinken überall gar fürchterlich.
Wer bin ich?

Das große Rätselbuch für clevere Kinder

Lösung: Die Toilette

Schlechtes Wetter

Hoch am Himmel kannst du mich sehen,
vor allem wenn das Wetter ist nicht mehr so schön.
Viele Regentropfen machen mich groß,
sobald sie zu schwer sind, lass' ich sie los.

Das große Rätselbuch für clevere Kinder

Lösung: Wolke

Freude und Schmerz

Reden kann ich ohne Zunge,
schreien kann ich ohne Lunge,
auch habe ich kein Herz,
allerdings nehme ich teil an Freud und Schmerz.

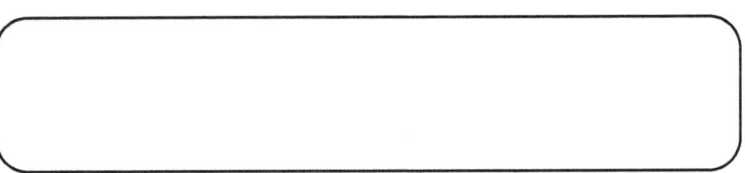

Das große Rätselbuch für clevere Kinder

Lösung: Die Kirchenglocke

Die Rede

Ich sage dir nicht, was ich dir sagen will,
Ich sage dir, was ich dir sage, so kannst du mir sagen,
was ich dir sagen mag.
Wer bin ich wohl?

Das große Rätselbuch für clevere Kinder

Lösung: Das Rätsel

Die rote Kelle

Ich stehe auf der Stelle,
halte eine rote Kelle,
siehst du sie, dann bleibst du stehen,
ist sie unten, darfst du gehen.
Wer bin ich?

Das große Rätselbuch für clevere Kinder

Lösung: Ein Verkehrspolizist

Monate im Jahr

Manche Monate haben 30 Tage, einige 31 Tage. Doch wie viele Monate haben 28 Tage?

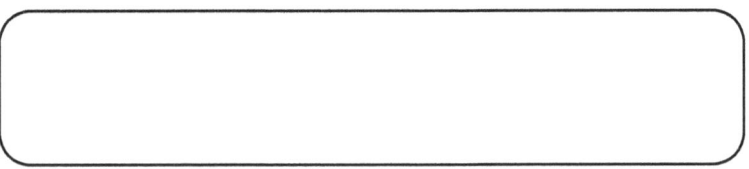

Das große Rätselbuch für clevere Kinder

Lösung: Alle Monate

Das große Rätselbuch für clevere Kinder

Die Stunden verrinnen

Kai schläft abends um 8 Uhr ein. Sein Wecker steht auf 9 Uhr. Wie viele Stunden hat er geschlafen, wenn der Wecker klingelt?

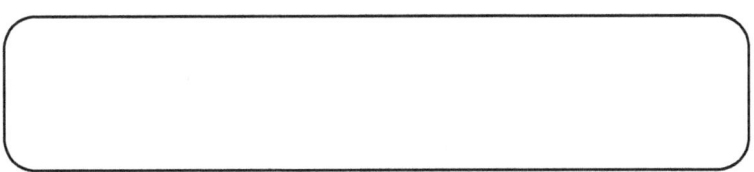

Lösung: 1 Stunde, denn der Wecker klingelt bereits um 9 Uhr abends.

Das große Rätselbuch für clevere Kinder

Kamine

Auf dem Dach eines Hauses stehen drei große Kamine, auf dem Dach eines zweiten Hauses, stehen zwei große und ein kleiner Kamin und auf einem dritten befinden sich vier kleine Kamine. Was kommt nun raus?

Das große Rätselbuch für clevere Kinder

Lösung: Rauch

Das große Rätselbuch für clevere Kinder

ab 8 Jahre. Geniale Rätsel und brandneue Knobelspiele für Mädchen und Jungen. Logisches Denken und Konzentration spielend einfach steigern

Melanie Fuchs

Inhalt

Die Fische	187
Die Würfelfrage	189
Die Frage nach dem Kaugummi	191
Die Beine der Tiere	193
Der Hundeausführer	195
Die Himmelsbilder	197
Das Licht	199
Die richtige Zahl	201
Die Entenwanderung	203
Harte Eier	205
Das geteilte Geld	207
Die Hühnereier	209
Von Katzen	211
Der Rattermann	213
Von Monat zu Monat	215
Der Bär	217
Die Wochentage	219
Die Zeit	221
Flügel, die nicht fliegen	223
Das Bilderrätsel	225

Das große Rätselbuch für clevere Kinder

Rot, gelb, grün 227

Viele Blätter 229

Vom Schützen und Nutzen 231

Das Radrennen 233

Ganz schön hoch 235

Die etwas andere Brille 237

Das Zeugnis 239

Wasser marsch 241

Der Boss der Lernfabrik 243

Der krähende Hahn 245

Der erste Tag 247

Gut und schlecht 249

Der Reisende 251

In der Küche 253

Der Begleiter 255

Rund und bunt 257

Der Gehörnte 259

Ein wildes Tier 261

Drei Teile 263

Lustiges Gemüse 265

Die Fische

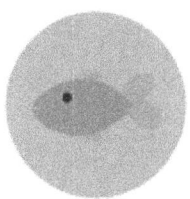

Mark hat ein Aquarium. In diesem Aquarium befinden sich 25 Fische. Eines Nachts passiert etwas Ungewöhnliches.

- Sechs Fische ertrinken.
- Vier Fische schwimmen weg.
- Zwei Fische verstecken sich für immer unter einem Stein.

Wie viele Fische befinden sich am Morgen noch in Marks Aquarium?

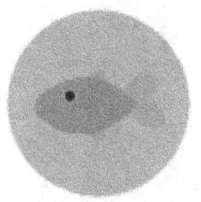

Lösung: Es sind noch immer 25 Fische, denn

1. Fische können gar nicht ertrinken.
2. Die vier Fische können gar nicht aus dem Aquarium verschwinden, wo sollen sie denn hin?
3. Die beiden Fische befinden sich unter einem Stein im Aquarium, sind daher auch noch immer im Aquarium.

Die Würfelfrage

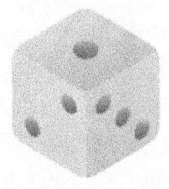

Auf einem Tisch liegen fünf Würfel. Wie viele Ecken haben diese Würfel zusammen?

Das große Rätselbuch für clevere Kinder

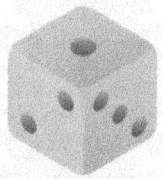

Lösung: Da ein Würfel acht Ecken hat, haben fünf Würfel achtmal so viele, also insgesamt 40 Ecken!

Das große Rätselbuch für clevere Kinder

Die Frage nach dem Kaugummi

Julius kauft im Supermarkt eine große Tüte Gummibärchen und ein Päckchen Kaugummi. Für beides zusammen zahlt er an der Kasse 4,- €. Die Gummibärchen kosten 2,- €.
Wie viel € kostet das Päckchen Kaugummi?

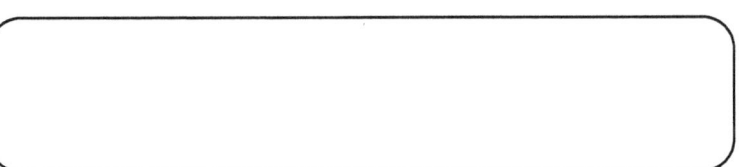

Das große Rätselbuch für clevere Kinder

Lösung: Das Kaugummipäckchen kostet 2,- €

Die Beine der Tiere

Es stellt sich die Frage, wer mehr Beine hat. Entweder dreiundzwanzig Tauben oder fünf Fische, vier Hühner, drei Spinnen, zwei Kühe und ein Pferd zusammen?

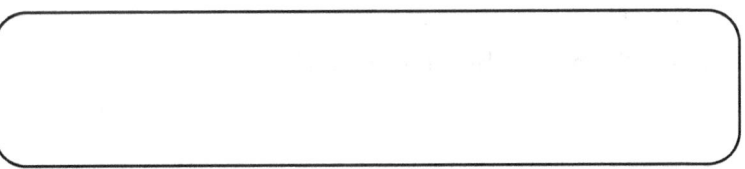

Das große Rätselbuch für clevere Kinder

Lösung: 23 Tauben haben jeweils 2
Beine. 2x23 = **46 Beine**
Fünf Fische haben 0 Beine, vier Hühner haben 8 Beine, drei Spinnen haben 24 Beine, zwei Kühe haben 8 Beine, ein Pferd hat 4 Beine.
0+8+24+8+4= 44 Beine
Die 23 Tauben haben mehr Beine!

Der Hundeausführer

Max mag Hunde sehr gerne. Um sich sein Taschengeld aufzubessern, führt er daher gerne die beiden Hunde seines Nachbarn aus. Bei seiner Runde durch den Park läuft er immer den gleichen Weg. Die Strecke ist 5 km lang.

Ein weiterer Nachbar bekommt mit, dass Max gerne Hunde ausführt und bittet ihn, auch seine beiden Hunde mitzunehmen.

Wie viel Kilometer muss Max nun laufen, wenn er anstatt zwei Hunden, nun vier Hunde gleichzeitig im Park ausführt?

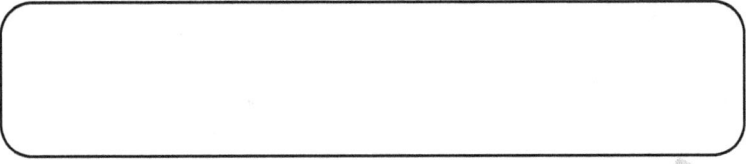

Lösung: Da er immer den gleichen Weg läuft, sind es immer 5 km. Auch wenn er statt zwei Hunden vier ausführt, wird der Weg dadurch nicht länger.

Das große Rätselbuch für clevere Kinder

Die Himmelsbilder

Welche Bilder, die am Himmel erscheinen, sieht man nur in der Nacht?

Das große Rätselbuch für clevere Kinder

Lösung: Die Sternbilder

Das Licht

Weißt Du, was durch Licht entsteht, sich aber niemals gegen dieses wehren kann?

Das große Rätselbuch für clevere Kinder

Lösung: Der Schatten

Das große Rätselbuch für clevere Kinder

Die richtige Zahl

Welches ist die nächste Zahl?
1 2 4 7 11 16 ?

22

Lösung: Die nächste Zahl ist die 22, denn man addiert immer eine Zahl höher: +1 +2 +3 +4 +5 +6

Das große Rätselbuch für clevere Kinder

Die Entenwanderung

Es war einmal an einem See, da watschelte eine Ente vor zweien daher. Eine weitere Ente watschelte hinter zweien und eine weitere zwischen zweien.
Wie viele Enten watschelten gemeinsam am See?

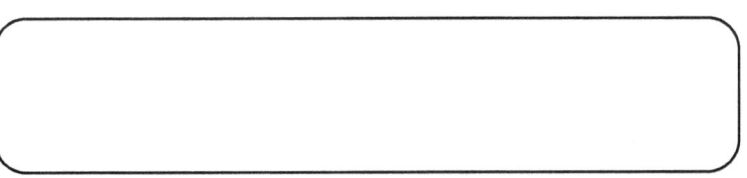

Das große Rätselbuch für clevere Kinder

Lösung: Drei Enten

Harte Eier

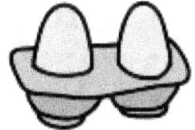

Um drei Eier zu hart zu kochen, benötigst Du fünf Minuten.
Wie viele Minuten benötigst Du, um fünf Eier hart zu kochen?

Das große Rätselbuch für clevere Kinder

Lösung: Auch fünf Minuten, denn die Kochzeit verlängert sich nicht.

Das geteilte Geld

Moritz und Max haben insgesamt 60,- € durch verschiedene Arbeiten zusammen bekommen. Diese müssen nun aufgeteilt werden. Moritz hat einen Euro mehr verdient als Max.
Wie viel Euro bekommt jeder Einzelne?

Das große Rätselbuch für clevere Kinder

Lösung: Moritz erhält 30,50 € und Max 29,50 €.

Die Hühnereier

In einem Hühnerstall brütet ein Huhn in 22 Tagen 12 Eier aus.
Wie viele Tage benötigt das Huhn, um 8 Eier auszubrüten?

Lösung: Um 8 Eier auszubrüten, benötigt das Huhn auch 22 Tage.

Das große Rätselbuch für clevere Kinder

Von Katzen

Das Aussehen hat es von einer Katze, die Haare sind ebenfalls von einer Katze, außerdem macht es „Miau", genauso wie eine Katze, allerdings ist es keine Katze.
Was ist es?

Lösung: Ein Kater.

Der Rattermann

Ich habe einen Rattermann, der rattert, was er rattern kann. Abends dann, wenn ich schlafen gehe, ich stets an seinem Bäuchlein drehe. Am nächsten Morgen hilft er mir dann, dass ich nicht verschlafen kann.
Was ist es?

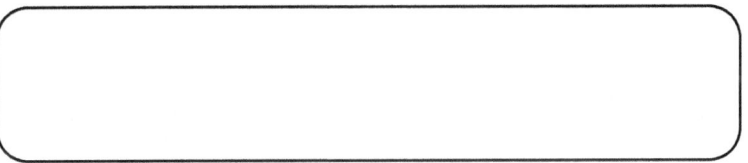

Lösung: Der Wecker.

Das große Rätselbuch für clevere Kinder

Von Monat zu Monat

Es gibt Monate, die haben 30 Tage und andere Monate, die haben 31 Tage.
Wie viele Monate haben 28 Tage?

Das große Rätselbuch für clevere Kinder

Lösung: Alle Monate haben mindestens 28 Tage.

Der Bär

Bei Deinem neugebauten Haus zeigen alle Seiten nach Süden. Da kommt plötzlich ein Bär vorbei. Welche Farbe hat dieser?

Lösung: Die Farbe des Bären ist weiß, denn es kann nur ein Eisbär sein. Ein Haus, bei dem alle Seiten nach Süden zeigen, kann nur am Nordpol sein.

Das große Rätselbuch für clevere Kinder

Die Wochentage

Nenne fünf aufeinanderfolgende Tage, in denen kein „A" vorkommt.

Lösung: vorgestern, gestern, heute, morgen, übermorgen.

Das große Rätselbuch für clevere Kinder

Die Zeit

Was kann das sein? Es kommt einmal in jeder Minute, zweimal in jedem Moment aber nie in tausend Jahren vor.

Das große Rätselbuch für clevere Kinder

Lösung: Das „M".

Flügel, die nicht fliegen

Es hat zwei Flügel und kann doch nicht fliegen. Hat einen Rücken und kann trotzdem nicht liegen. Hat ein Bein und kann nicht darauf stehen. Hat eine Brille und kann doch nichts sehen.
Wer bin ich?

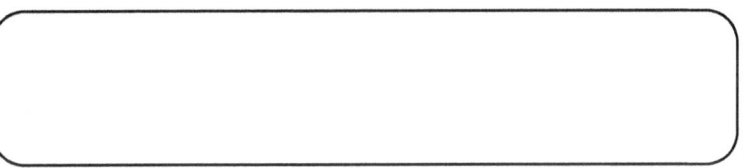

Lösung: Die Nase.

Das Bilderrätsel

Vortrefflich kann ich malen und lasse gehen kein Haar. Das Bild ist fertig schon im nächsten Augenblick, wer außer mir besitzt so ein Geschick? Einen Fehler mache ich allerdings stets – ich verwechsle gerne rechts und links – wer erräts? Wer bin ich?

Lösung: Der Spiegel.

Rot, gelb, grün

Drei Augen hab ich und kann trotzdem nichts sehen.
Zu Autos und Fahrrädern sag ich, wann sie müssen halten und wann sie dürfen gehen?
Wer bin ich?

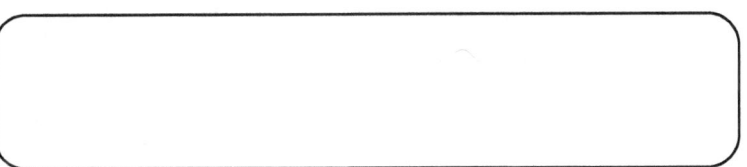

Das große Rätselbuch für clevere Kinder

Lösung: Die Ampel

Das große Rätselbuch für clevere Kinder

Viele Blätter

Blätter habe ich viele, doch bin ich kein Baum.
Machst Du mich auf, gibt es Bilder und Wörter zu schaun'.
Wer bin ich?

Das große Rätselbuch für clevere Kinder

Lösung: Das Buch

Das große Rätselbuch für clevere Kinder

Vom Schützen und Nutzen

Will man mich behalten, muss man sorgsam mit mir umgehen und mich gut schützen.
Aber um mich zu nutzen, muss man mich brechen.
Wer bin ich?

Das große Rätselbuch für clevere Kinder

Lösung: Das Ei

Das Radrennen

Es fahren vier Kinder ein Radrennen. Dabei fährt Felix langsamer als Jonas und Max, Jonas fährt langsamer als Max aber nicht so langsam wie Alex. Wer von ihnen ist der Schnellste?

Das große Rätselbuch für clevere Kinder

Lösung: Max

Das große Rätselbuch für clevere Kinder

Ganz schön hoch

Höher bin ich als jeder Baum.
Wurzeln habe ich, die sieht man kaum.
Auch im Licht wachse ich nicht.
Wer bin ich?

Das große Rätselbuch für clevere Kinder

Lösung: Der Berg

Das große Rätselbuch für clevere Kinder

Die etwas andere Brille

Welche Brille trägt man nicht auf der Nase?

Das große Rätselbuch für clevere Kinder

Lösung: Die Klobrille

Das Zeugnis

Alex hat ein gutes Zeugnis bekommen. Zur Belohnung erhält er ein Glas mit 10 Schokokugeln. Die Mutter sagt zu Alex: „Von den 10 Schokokugeln, die sich im Glas befinden, darfst Du alle 5 Minuten nur eine Kugel essen, weil Du sonst Bauchschmerzen bekommst." Wie viele Minuten benötigt Alex, um alle Schokokugeln zu essen?

Das große Rätselbuch für clevere Kinder

Lösung: Die erste Schokokugel isst Alex sofort. Dann rechnet man noch 9*5 = 45 Minuten. Er benötigt also 45 Minuten.

Wasser marsch

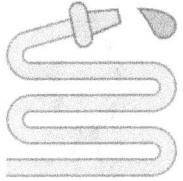

Mit dem Helm über den Haaren
Kommt er mit Signal gefahren.
Ruft zu den Kollegen barsch:
„Kommt, macht schnell und Wasser marsch!"
Welchen Beruf habe ich?

Das große Rätselbuch für clevere Kinder

Lösung: Feuerwehrmann

Das große Rätselbuch für clevere Kinder

Der Boss der Lernfabrik

Die Lernfabrik hat eine Frau,
was hier geschieht, dass weiß sie ganz genau.
Sie ist ganz oben, ja, der Boss,
sie ist es, die alle führen muss!
Wer ist Sie?

Das große Rätselbuch für clevere Kinder

Lösung: Die Rektorin

Der krähende Hahn

Wenn der Hahn kräht in der Früh',
ist mein Tagwerk schon vollbracht.
Dann schaue ich auf die große Mühe,
Laibe durften in voller Pracht!
Welchen Beruf habe ich?

Das große Rätselbuch für clevere Kinder

Lösung: Bäcker

Das große Rätselbuch für clevere Kinder

Der erste Tag

Am ersten Tag sehr angespannt,
die Eltern stets noch an der Hand,
wird sie den Anfang süßer machen,
mit Präsenten und mit Zuckersachen!
Wer ist sie?

Lösung: Die Schultüte

Das große Rätselbuch für clevere Kinder

Gut und schlecht

Die Guten, ja die lieben sie,
die Schlechten, ach die fürchten sie,
wenn sie am Schluss den Ausschlag geben,
im stressgeplagten Schülerleben!
Wer sind sie?

Das große Rätselbuch für clevere Kinder

Lösung: Die Noten

Das große Rätselbuch für clevere Kinder

Der Reisende

Wer reist ständig kostenlos um die Welt?

Das große Rätselbuch für clevere Kinder

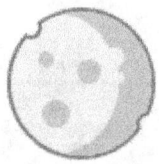

Lösung: Der Mond

In der Küche

In der Küche bin ich, wenn ich allein bin, mit vier Buchstaben zu finden.
Bin ich zu zweit, dann habe ich fünf Buchstaben.
Sind wir zu sechst, macht es genau sieben.
Wer bin ich?

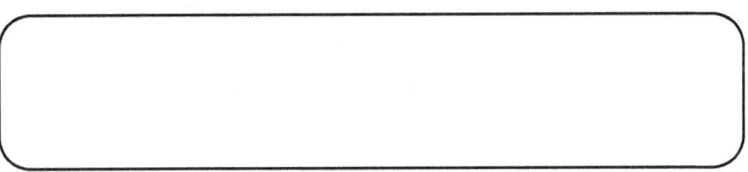

Lösung: Ein Sieb (4 Buchstaben), zwei Siebe (5 Buchstaben) und Sieben mit (6 Buchstaben) als Verb.

Der Begleiter

Bin ich unterwegs, so meist in Begleitung von vier Anderen.
Ich allerdings, verbringe meine Zeit meist allein im Dunkeln.
Stößt einem meiner Begleiter etwas zu, trete ich in Erscheinung.
Wer bin ich?

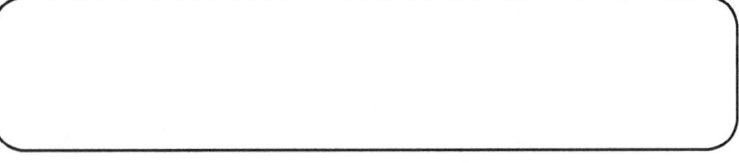

Das große Rätselbuch für clevere Kinder

Lösung: Das Reserverad

Rund und bunt

Meine Schale, ja, die ist rund.
Mal bin ich blau, mal rot, mal bunt.
Schlägst Du meine Schale auf,
isst Du mich mit Genuss auf.
Erst das Gelbe, dann das Weiße.
Nun rate, wie ich heiße!

Das große Rätselbuch für clevere Kinder

Lösung: Osterei

Der Gehörnte

Was ist das für ein Häuschen,
ist kleiner als ein Mäuschen,
darinnen wohnt ein Tier,
gleich zeigt es die Hörner Dir.
Wer ist das?

Das große Rätselbuch für clevere Kinder

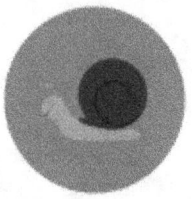

Lösung: Die Schnecke

Ein wildes Tier

Das Erste ist ein wildes Tier.
Das Zweite putzt Du am Morgen Dir.
Zusammen ist es gelb und grün,
Du siehst es auf der Wiese stehn'.
Wer ist es?

Lösung: Löwenzahn

Drei Teile

Teil eins sollst Du vergessen.
Teil zwei gehört nicht Dir, sondern allein mir.
Teil drei reimt sich auf Licht und bedeutet Nein.

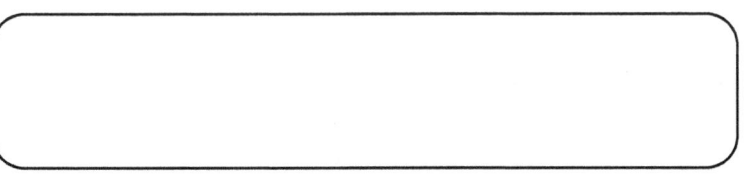

Das große Rätselbuch für clevere Kinder

Lösung: Vergissmeinnicht

Lustiges Gemüse

Welches Gemüse ist immer lustig?

Das große Rätselbuch für clevere Kinder

Lösung: Die Kichererbse

Das große Rätselbuch für clevere Kinder

ab 10 Jahre. Geniale Rätsel und brandneue Knobelspiele für Mädchen und Jungen. Logisches Denken und Konzentration spielend einfach steigern

Melanie Fuchs

Inhalt

Der Seerosenteich 271
Die Pfadfinder 273
Der Matrose 275
Die Mutter und ihre Kinder 277
Die Reise 279
Der Wagen der jungen Frau 281
Der Trunk 283
Die Hochzeit 285
Die Etagen eines Kaufhauses 287
Taschengeld 289
Das Dartturnier 291
Die Shoppingtour 293
Der Wein in der Flasche 295
Teilen und verdoppeln 297
Hören aber nichts sagen 299
Die Stille 301
Vom Haben und Nichthaben 303
Leicht wie eine Feder 305
Einfangen und wegwerfen 307
Die Jagd 309

Das große Rätselbuch für clevere Kinder

Das Problem 311

Der Rennfahrer 313

Die Fußballmannschaft 315

Das geliehene Buch 317

Die Gaststätte 319

Das gesicherte Gebäude 321

Das Hasenrennen 323

Der Schlüssel 325

Das Gewicht 327

Ganz schön wackelig 329

Der Bus 331

Ein Kätzchen oder doch nicht? 333

Pinguin und Eisbär 335

Plätzchenbacken 337

Die Suche im Dunkeln 339

Die Züge 341

Kinderleicht 343

Die Zahlenreihe 345

Die nächste Zahl 347

Die geöffnete Pforte 349

Das große Rätselbuch für clevere Kinder

Der Seerosenteich

Jedes Jahr im Mai wachsen auf einem kleinen See wunderschöne Seerosen. Das Problem ist, dass es ein sehr kleiner See ist, auf dem nur 512 Seerosen Platz haben. Es gibt aber etwas Besonderes an den Seerosen. Ihre Anzahl verdoppelt sich in jeder Nacht. In der ersten Nacht werden aus einer Pflanze zwei. Bereits nach neun Tagen sind es 256 Seerosen.

Wie viele Tage dauert es, bis der See mit Seerosen komplett bedeckt ist?

Lösung: Nur noch einen weiteren Tag, da sich die Seerosen jede Nacht verdoppeln. Und 256 * 2 = 512. Also 10 Tage insgesamt.

Die Pfadfinder

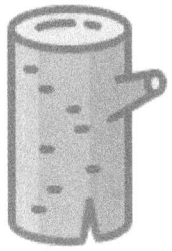

Für ein großes Lagerfeuer suchen zwei Pfadfinder Holz. Nach 20 Minuten haben beide zusammen 24 Hölzer gefunden. Einer der beiden war fleißig und hat doppelt so viele Äste gesammelt wie der der Zweite.

Wie viele Äste haben sie jeweils gesammelt?

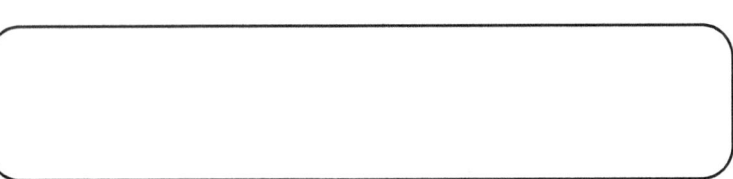

Das große Rätselbuch für clevere Kinder

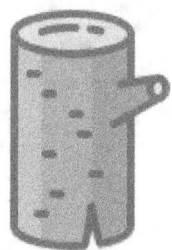

Lösung: Der Erste hat 16 Äste gesammelt und der Zweite 8.

Das große Rätselbuch für clevere Kinder

Der Matrose

Ein Matrose bekommt von seinem Kapitän den Auftrag das Boot zu streichen. Dabei hängt er auf einer Seilschaukel 30 cm über der Wasseroberfläche. Plötzlich setzt die Flut ein und nach 4 Stunden steht das Wasser 60 cm höher.

Wie lange dauert es, bis der Matrose nasse Füße bekommt?

Lösung: Gar nicht, denn das Boot steigt mit der Flut.

Das große Rätselbuch für clevere Kinder

Die Mutter und ihre Kinder

Marcos Mutter hat 4 Kinder. Das erste Kind heißt Linus. Das zweite Kind Mats und das dritte Kind wurde auf den Namen Luis getauft.

Wie heißt das vierte Kind?

Das große Rätselbuch für clevere Kinder

Lösung: Marco

Die Reise

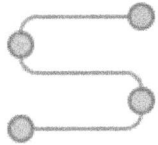

Gehe von dem Punkt, an dem Du stehst, fünf Schritte nach vorne. Drehe Dich 90° nach rechts und gehe dann weitere fünf Schritte nach vorne. Nun nochmals nach rechts drehen und weitere zehn Schritte gehen. Jetzt drehst Du Dich 90° nach links und gehst 3 Schritte. Nochmals links rumdrehen und fünf Schritte vor. Als letztes drehst Du Dich ein weiteres Mal nach links und gehst acht Schritte nach vorne.

Wo bist Du jetzt?

Das große Rätselbuch für clevere Kinder

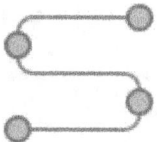

Lösung: Am Ausgangspunkt

Der Wagen der jungen Frau

Für ca. 1 Stunde leiht sich eine junge Frau einen Wagen aus. Nach dieser Zeit möchte sie den Wagen an die vorgesehene Station zurückbringen. Kurz bevor sie am Ziel ist, spricht sie ein wildfremder Mann an und überreicht ihr etwas Geld für den Wagen. Die junge Frau nimmt das Geld und gibt dem Mann den Wagen.

Allerdings hat die junge Frau nichts Verbotenes getan. Warum nicht?

Lösung: Es war ein Einkaufswagen

Das große Rätselbuch für clevere Kinder

Der Trunk

Wer bin ich?

Ich trinke etwas, was ich selbst nicht besitze.
Hätte ich es, dann würde ich es niemals trinken.

Das große Rätselbuch für clevere Kinder

Lösung: Ein Vampir

Die Hochzeit

Es ist ein schöner Sonntag. Ein älterer Herr möchte eine sehr schöne und vor allem viel jüngere Frau heiraten. Sein bester Freund rät ihm von der Hochzeit ab. „Du bist dreimal so alt, wie deine zukünftige Braut." Der ältere Mann antwortet: „Ja, aber in 20 Jahren bin ich nur noch doppelt so alt wie sie."

Wie alt sind Mann und Frau bei ihrer Hochzeit?

Lösung: Der Mann ist 60 Jahre und die Frau 20 Jahre.

Die Etagen eines Kaufhauses

Ein Kaufhaus bietet im 1. Stock Herrenbekleidung, im 2. Damenbekleidung und im 3. Stock Kinderbekleidung an. Im 4. Stock findet man die Elektronikgeräte und Sportbekleidung. Der Aufzug wird von den Kunden des Kaufhauses häufig benutzt.

Welcher Knopf wird am häufigsten gedrückt?

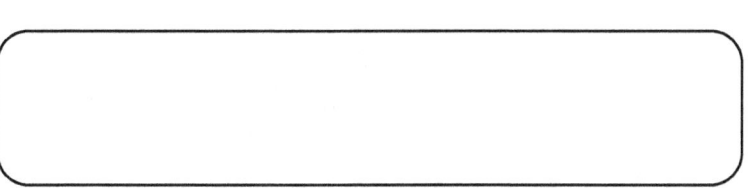

Das große Rätselbuch für clevere Kinder

Lösung: Der Knopf für das Erdgeschoss.

Das große Rätselbuch für clevere Kinder

Taschengeld

Nele und Anna erhalten immer samstags von ihren Eltern Taschengeld. Nele ist ein Jahr älter als Anna, deshalb bekommt sie 2,- € mehr. Zusammen bekommen beide 15,- € Taschengeld.

Wie viel Taschengeld bekommen beide jeweils?

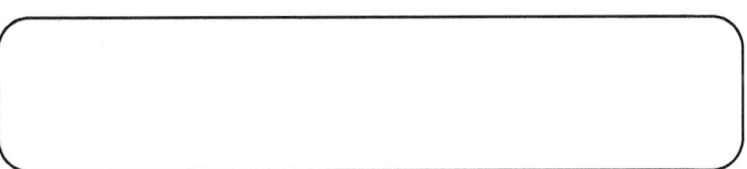

Das große Rätselbuch für clevere Kinder

Lösung: Nele bekommt 8,50 € und Anna 6,50 €

Das große Rätselbuch für clevere Kinder

Das Dartturnier

In einer Kneipe treffen sich fünf Freunde für ein Dartturnier. Jeder spielt bei diesem Turnier einmal gegen jeden. Dabei kostet ein Spiel 2,- €.

Wie viel Geld kosten die Spiele des Turniers insgesamt?

Lösung: Insgesamt kosten die Spiele 20 €

Jeder der fünf Freunde, muss gegen die anderen vier Freunde spielen (5 * 4 = 20). Hier würde dann allerdings jedes Spielpaar zweimal gegeneinander spielen. Deshalb muss man die 20 Spiele noch durch 2 teilen (20 / 2 = 10) und 10 Spiele * 2,- € = 20 €

Die Shoppingtour

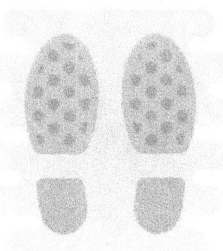

Am Wochenende geht eine Frau auf Shoppingtour. Dabei ergattert sie ein rotes Kleid und ein Paar passende Stiefel. Die Stiefel kosten 65,- € mehr als das Kleid. Insgesamt zahlt sie 200,- € für beides.

Was kostet jedes der beiden Teile?

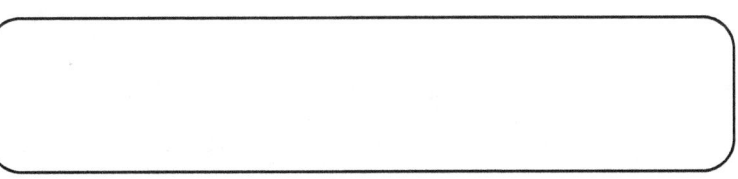

Das große Rätselbuch für clevere Kinder

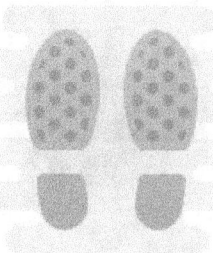

Lösung: Das Kleid kostet 67,50 € und die Stiefel 132,50 €

Rechnung: 200 € - 65 € = 135 €
135 € / 2 = 67,50 € / Kleid
67,50 € + 65 € = 132,50 € / Stiefel

Der Wein in der Flasche

In der Herstellung kostet eine Glasflasche (Weinflasche) 22 Cent mehr als der Korken, welcher nur 8 Cent kostet. Der Wein, der in die Flasche gefüllt wird, hat einen hundertmal so hohen Wert, wie der Korken.

Wie teuer ist eine Flasche Wein?

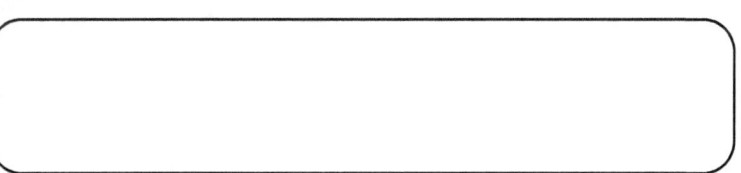

Lösung: 8,38 €

Glasflasche: 22 Cent + 8 Cent = 30 Cent

Korken: 8 Cent

Wein: 8 Cent * 100 = 800 Cent = 8 €

8 € + 30 Cent + 8 Cent = 8,38 €

Das große Rätselbuch für clevere Kinder

Teilen und verdoppeln

Welche Zahl ergibt 60, wenn man sie zunächst durch 5 teilt und anschließend das Ergebnis verdoppelt?

Lösung: 150

Rechnung: 60 * 5 = 300 / 2 = 150 oder 150 / 5 = 30 * 2 = 60

Das große Rätselbuch für clevere Kinder

Hören aber nichts sagen

Wer hört alles und sagt nie etwas?

Das große Rätselbuch für clevere Kinder

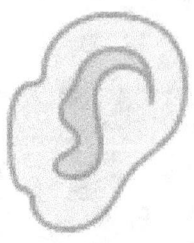

Lösung: Das Ohr

Das große Rätselbuch für clevere Kinder

Die Stille

Wenn alles ganz ruhig ist,
soll ich mich um Dich herum befinden.
Aber sag laut meinen Namen
und ich werde sofort verschwinden.
Wer bin ich?

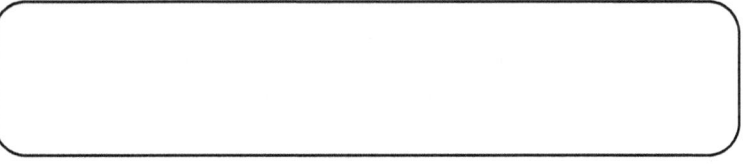

Das große Rätselbuch für clevere Kinder

Lösung: Das Schweigen

Das große Rätselbuch für clevere Kinder

Vom Haben und Nichthaben

Wenn Du mich hast,
willst Du mich teilen.
Wenn Du mich teilst,
willst Du mich nicht mehr haben.
Wer bin ich?

Das große Rätselbuch für clevere Kinder

Lösung: Das Geheimnis

Leicht wie eine Feder

Ich bin leichter als eine Feder,
aber selbst der stärkste Mann,
kann mich nicht länger als drei Minuten halten.
Wer bin ich?

Das große Rätselbuch für clevere Kinder

Lösung: Der Atem

Das große Rätselbuch für clevere Kinder

Einfangen und wegwerfen

Du kannst mich einfangen,
aber nicht wegwerfen.
Wer bin ich?

Das große Rätselbuch für clevere Kinder

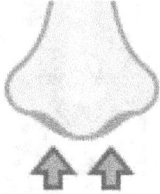

Lösung: Der Schnupfen

Das große Rätselbuch für clevere Kinder

Die Jagd

Es gehen zwei Väter und zwei Söhne zusammen auf die Jagd.

Jeder von ihnen schießt einen Hasen, allerdings haben beide Pärchen zusammen nur drei Hasen geschossen.

Wie geht das?

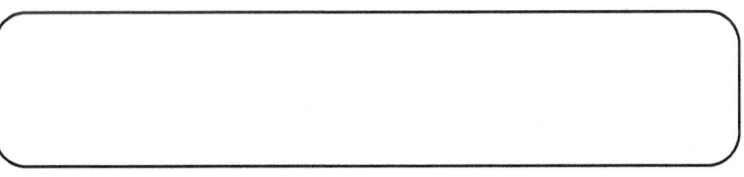

Lösung: Die Beteiligten sind Großvater, Vater und Sohn. Der Vater ist auch gleichzeitig der Sohn des Großvaters.

Das Problem

Der Bauer steht mit seiner Ziege, einem Kohlkopf und einem Wolf an einem See, den er überqueren muss. Allerdings ist das Boot sehr klein. Es passen höchstens zwei gleichzeitig hinein. Das Problem ist, dass die Ziege nicht allein mit dem Wolf bleiben darf, der Wolf würde sie fressen. Die Ziege kann aber auch nicht mit dem Kohlkopf allein bleiben, da sie diesen verspeisen würde.

Wie kann es der Bauer schaffen, alle wohlbehalten über den Fluss zu bringen?

Lösung: Als erstes nimmt der Bauer die Ziege mit ans andere Ufer. Dann holt er den Wolf. Wenn er wieder zurückfährt, nimmt er allerdings die Ziege wieder mit zurück. Er nimmt dann den Kohl mit und bringt diesen zum Wolf und zum Schluss holt er die Ziege wieder ab.

Das große Rätselbuch für clevere Kinder

Der Rennfahrer

Du bist Rennfahrer in der Formel 1. Dein Auto rast mit 300 km/h auf einer Rennstrecke. Plötzlich beginnt ein starker Regen. Der Rennwagen kann nur noch mit halber Geschwindigkeit fahren.

Wie alt ist der Fahrer?

Das große Rätselbuch für clevere Kinder

Lösung: Na, wie alt bist Du?

Das große Rätselbuch für clevere Kinder

Die Fußballmannschaft

Leo, Fynn und Simon sind Brüder. Sie wollen zusammen einem Fußballverein beitreten. Zunächst möchte der Trainer wissen, wie alt jeder von ihnen ist. Dadurch kann er feststellen, ob sie alle zusammen in eine Mannschaft kommen können.

Leo antwortet: „Fynn und ich sind gemeinsam 32 Jahre alt, Fynn und Simon sind zusammen 28 Jahre alt und Simon und ich sind gemeinsam 30 Jahre alt!"

Wie alt ist denn nun jeder der Brüder?

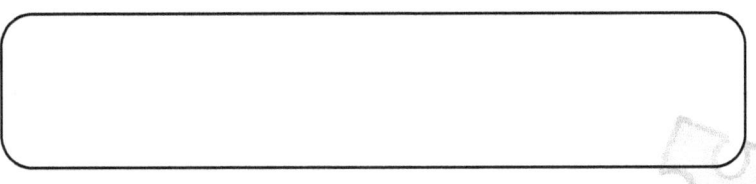

Das große Rätselbuch für clevere Kinder

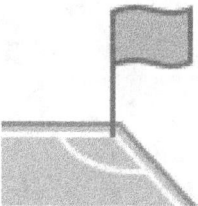

Lösung: Leo ist 17 Jahre, Fynn ist 15 Jahre und Simon ist 13 Jahre alt.

Das große Rätselbuch für clevere Kinder

Das geliehene Buch

Kai hatte am Tag zuvor ein geliehenes Buch in die Bücherei zurückgebracht. Am nächsten Tag kommt er zurück in die Bücherei und behauptet, er hätte in dem zurückgegebenen Buch zwischen den Seiten 89 und 90 einen Geldschein vergessen, den er als Lesezeichen benutzt hatte und verlangt diesen zurück. Die Bibliothekarin allerdings hat für Kai nur ein müdes Lächeln übrig und schickt ihn ohne Geldschein nach Hause.

Warum ist sich die Bibliothekarin so sicher, dass Kai keinen Geldschein zwischen den Seiten vergessen hat?

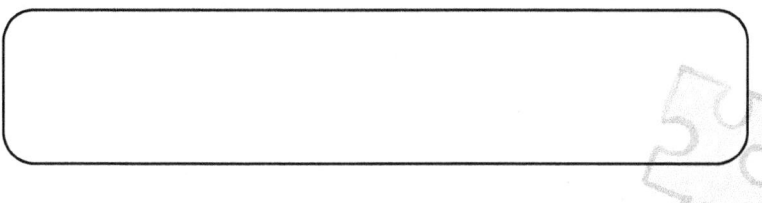

Das große Rätselbuch für clevere Kinder

Lösung: Ein Buch beginnt rechts immer mit einer ungeraden Zahl. Die Rückseite ist dann eine gerade Zahl. Es kann daher gar nicht sein, dass ein Geldschein zwischen den Seiten 89 und 90 gelegen hat, weil eines die Vor- und das andere die Rückseite ist.

Die Gaststätte

In einer Gaststätte geschieht einem Gast ein Missgeschick. Sein Glas fällt vom Tisch und geht zu Bruch. Der Gast erklärt dem Wirt, dass der dreibeinige Tisch gewackelt hat und das Glas deshalb heruntergefallen ist.

Wieso weiß der Wirt, dass dies nicht stimmen kann?

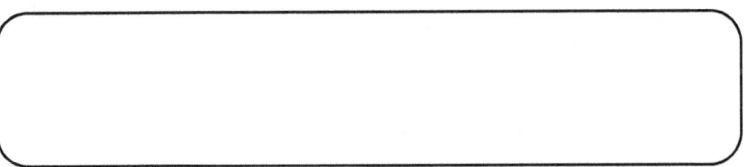

Das große Rätselbuch für clevere Kinder

Lösung: Ein dreibeiniger Tisch kann nicht wackeln.

Das gesicherte Gebäude

Ein Einbrecher war in einem Gebäude. Dieses Gebäude war gut bewacht und trotzdem gelang es dem Einbrecher hineinzukommen, ohne den Alarm auszulösen. In dem Gebäude hielt sich der Einbrecher lange auf und verließ es dann wieder. Auch beim Verlassen löste der Einbrecher keinen Alarm aus. Wäre der Einbrecher nicht so lange in dem Gebäude geblieben, wäre er beim Verlassen des Gebäudes gescheitert.

In welchem Gebäude war dieser Einbrecher?

Das große Rätselbuch für clevere Kinder

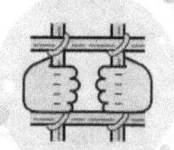

Lösung: Im Gefängnis

Das Hasenrennen

Acht Hasen beschließen, gemeinsam um die Wette zu rennen.

Wie viele Rennen müssen die Hasen laufen, damit jeder Hase mindestens einmal schneller im Ziel ist als jeder andere?

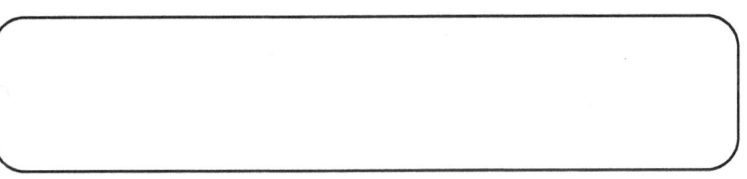

Lösung: Die Hasen müssen mindestens zwei Rennen laufen. Die Reihenfolge, in die die Hasen beim zweiten Rennen ins Ziel kommen, muss genau andersherum sein, als beim ersten Rennen (ABCDEFGH; HGFEDCBA).

Das große Rätselbuch für clevere Kinder

Der Schlüssel

Welcher Schlüssel passt in kein Loch?

Das große Rätselbuch für clevere Kinder

Lösung: Der Notenschlüssel

Das große Rätselbuch für clevere Kinder

Das Gewicht

Welches Gewicht will keiner verlieren?

Lösung: Das Gleichgewicht

Das große Rätselbuch für clevere Kinder

Ganz schön wackelig

Es gibt mich in verschiedenen Farben,

in Grün, Gelb oder Rot.

Kinder essen mich gerne, denn ich schmecke süß und fruchtig.

Außerdem bin ich sehr wackelig auf den Füßen.

Was bin ich?

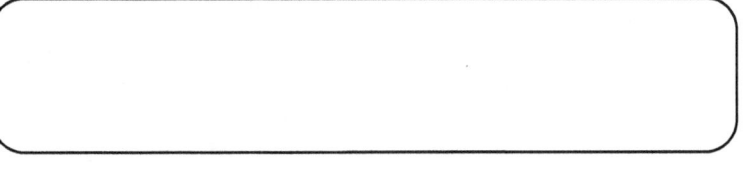

Das große Rätselbuch für clevere Kinder

Lösung: Der Wackelpudding

Das große Rätselbuch für clevere Kinder

Der Bus

Es sitzen 10 Fahrgäste in einem Bus. Als der Bus an einer Haltestelle anhält, steigen fünf der Fahrgäste aus. Gleichzeitig steigen aber auch fünf Fahrgäste ein.

Wie viele Menschen sitzen im Bus?

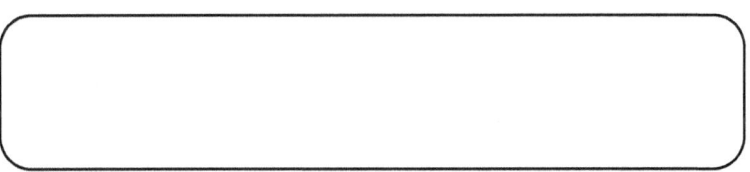

Das große Rätselbuch für clevere Kinder

Lösung: 11, denn der Fahrer ist ja auch ein Mensch

Ein Kätzchen oder doch nicht?

Ein zartes Kätzchen bin ich, mit einem weichen Fell. Allerdings habe ich keine Pfoten und schnurren kann ich auch nicht. Mein Aussehen ist weiß-silbrig, aber Mäuse fange ich nicht. Die Natur liebe ich sehr, doch bin ich kein Tier. Bienen sind gerne bei mir zu Gast.

Wer bin ich?

Das große Rätselbuch für clevere Kinder

Lösung: Das Weidenkätzchen

Das große Rätselbuch für clevere Kinder

Pinguin und Eisbär

„Eine Frage bleibt noch zu klären", sagt ein Wissenschaftler zu seinem Kollegen: „Die Eisbären sind doch Raubtiere, oder? „Klar sind sie es", antwortet der Kollege. „Aber warum greifen Eisbären dann die Pinguine nicht an? Sie wären doch eine leichte Beute."

Warum ist das so?

Das große Rätselbuch für clevere Kinder

Lösung: Eisbären leben am Nordpol und Pinguine am Südpol.

Plätzchenbacken

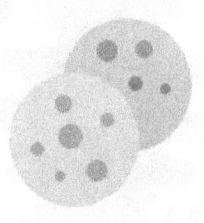

Ella und Frieda sind Schwestern und wollen heute Plätzchen backen. Der Teig ist bereits fertig und auch schon ausgerollt. Mit Förmchen sollen nun Herzen ausgestochen werden. Der Backofen ist bereits vorgeheizt. Die ausgestochenen Plätzchen sollen auf ein Backblech gelegt und dann gebacken werden. Am Ende sind es insgesamt 48 Plätzchen geworden. Allerdings hat Ella die doppelte Menge an Plätzchen ausgestochen.

Wie viele Plätzchen haben Ella und Frieda jeweils ausgestochen?

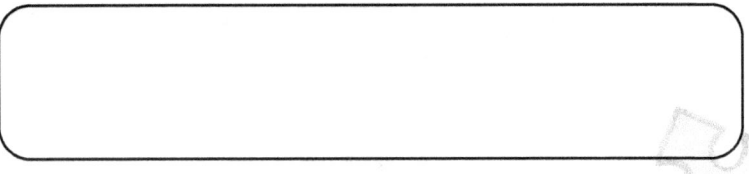

Das große Rätselbuch für clevere Kinder

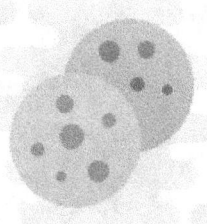

Lösung: Ella hat 32 Plätzchen ausgestochen und Frieda 16.

Das große Rätselbuch für clevere Kinder

Die Suche im Dunkeln

Lisa möchte Schlittenfahren gehen und benötigt hierzu Handschuhe. Als sie in die Schublade schaut, in der die Handschuhe liegen, bekommt sie einen Schreck, denn alles ist durcheinander. In der Schublade liegen drei schwarze, drei rote und drei blaue Handschuhe. Plötzlich fällt auch noch das Licht aus und Lisa muss im Dunkeln suchen.

Wie viele Handschuhe muss Lisa in die Hand nehmen, damit sie ein Handschuhpaar in der gleichen Farbe hat?

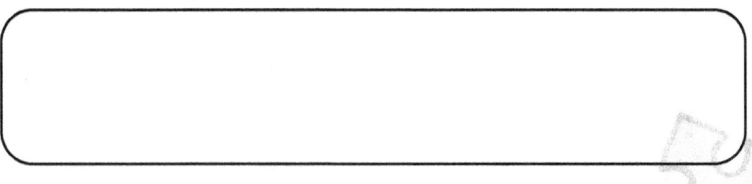

Lösung: Einen mehr als es Farben in der Schublade gibt. Also muss sie vier einzelne Handschuhe in die Hand nehmen.

Die Züge

In einem Bahnhof stehen drei Züge. Alle fahren am gleichen Tag los. Zug Nummer Eins kehrt alle zwei Tage in den Bahnhof zurück. Der zweite Zug alle sechs Tage und der dritte Zug alle acht Tage.

Wie viele Tage dauert es bis alle drei Züge wieder zusammen im Bahnhof sind?

Das große Rätselbuch für clevere Kinder

Lösung: 24 Tage (erstes gemeinsames Vielfaches)

Das große Rätselbuch für clevere Kinder

Kinderleicht

56784 = 4
11111 = 0
72348 = 3
88652 = 5
88811 = 6
75213 = 0
62257 = ?

Lösung: 62257 = 1; man muss die umrandeten Bereiche der Ziffern zählen, so kommt man auf die Lösung. Nur die 6 hat einen solchen Bereich, deshalb ist die Lösung 1. Bei der Zahl 8 gibt es z. B. zwei solcher Bereiche.

Das große Rätselbuch für clevere Kinder

Die Zahlenreihe

Unsere Zahlenreihe beginnt mit der Zahl 3. Die folgenden Zahlen sind jeweils um eins größer als die Hälfte der nächsten Zahl.

3 X X X X

Wie lautet denn die fünfte Zahl?

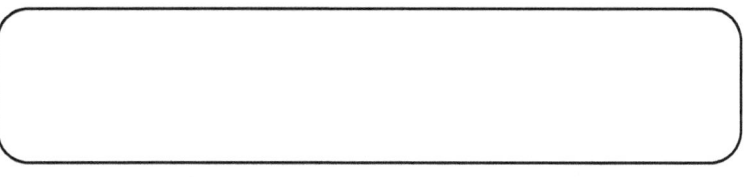

Lösung: Die fünfte Zahl ist die 18. Die Zahlenreihe lautet: 3, 4, 6, 10, 18.

Das große Rätselbuch für clevere Kinder

Die nächste Zahl

Wie lautet die nächste Zahl der folgenden Zahlenreihe?

2, 4, 8, 16, 32, ?

64

Lösung: Die nächste Zahl ist die 64, denn die vorherige Zahl wird immer verdoppelt.

Das große Rätselbuch für clevere Kinder

Die geöffnete Pforte

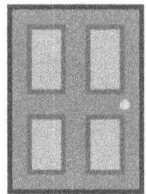

Eines Abends schleicht eine junge Frau zu einer Tür. Sie öffnet diese heimlich, nimmt etwas hinter der Tür und isst es auf. Dann verschließt sie die Tür vorsichtig.

Am nächsten Morgen geht sie zur gleichen Tür, öffnet diese erneut und lässt sie dieses Mal weit geöffnet.

Warum?

Das große Rätselbuch für clevere Kinder

Lösung: Die junge Frau ist ein Mädchen, das sich abends zum Adventskalender geschlichen, ein Türchen geöffnet und die Schokolade vom nächsten Tag gegessen hat.